INTRODUCTION

Les commerçants les plus probables dans le monde sont ceux qui non seulement savent identifier les grands métiers, mais qui sont également assez prêts pour que le marché puisse le faire. moi à eux avant qu'ils ne prennent des rituels. Par exemple, même si vous trouvez un stock surévalué, il peut encore en rester, car l'exubérance du marché le fait monter. En utilisant des outils d'analyse de tendance, vous pouvez identifier un sommet ou une cible à haute probabilité, où une entrée courte à faible risque devient disponible.

Les enveloppes sont incroyables quand vous les voyez échangées correctement ; il n'y a aucun doute là-dessus. Comme vous êtes sur le point de le voir, pour le swing trader, les enveloppes fournissent des clés d'achat et de vente à court terme.

Les enveloppes sont souvent appelées enveloppes moyennes mobiles et, par définition, elles négocient des bandes à un point mesuré, ou un retrait d'un mouvement en moyenne. En d'autres termes, les enveloppes ont trois parties : une moyenne mobile, une enveloppe de tor (ligne) et une enveloppe inférieure (ligne). Les lignes au-dessus de la moyenne mobile sont tracées sur la base d'un pourcentage de la moyenne mobile.

Le calcul habituel pour la bande de tor d'une enveloppe : Moyenne mobile + (Moyenne mobile + Décalage en pourcentage) / 100

La clé pour envelopper est de déterminer quelle est la volatilité du stock, c'est-à-dire la volatilité principale d'un stock qui s'éloigne de la moyenne. Voici un analogue pour clarifier la raison pour laquelle les enveloppes travaillent souvent dans le commerce.

Dans cet esprit, la volatilité du mouvement habituel d'un stock est le pourcentage, qui se déplacera généralement au-dessus ou au-dessous d'une moyenne mobile, avant revenant à la moyenne (moyenne mobile). Bien que parfois les actions s'éloignent de leurs moyennes mobiles, elles reviennent toujours à la moyenne mobile, vous parce que la moyenne mobile se déplace. Une économie par rapport à la déclaration précédente est le nombre de jours qui font de vous une moyenne mobile ; plus il est probable que le stock ne s'éloignera pas seulement de la moyenne mobile, mais qu'il reste à l'écart de la moyenne mobile - pour un gr une période de temps plus longue, ainsi.

Lorsque vous envisagez d'utiliser des moyennes mobiles externes (EMA) ou des moyennes mobiles simples (SMA) pour trader, vous devez d'abord vous demander sur quelle période vous tradez. Les commerçants à court terme (day trader et swing trader à la recherche de mouvements d'un à trois jours) voudront probablement utiliser une moyenne mobile excessive oui, comme par définition, les moyennes mobiles exronnentielles sont pondérées, ce qui donne plus de valeur au ressentiment sur une simple moyenne de tous ses stocké Oui.

Des moyennes mobiles simples sont calculées mais en prenant un nombre défini de jours, ou de riods, en prenant toutes les valeurs, puis en divisant par le tal. (Un 5-SMA serait obtenu en additionnant cinq jours de décisions finales, puis en divisant par 5.) La valeur finale est une simple moyenne mobile des cinq derniers 1 ose. Le SMA change légèrement chaque jour, car le dau le plus récent est ajouté au calcul, tandis que le cinquième dau s'éteint, avec la conclusion de eash trading dau.

CHAPITRE UN

Qu'est-ce que le Swing Trading ?

Le swing trading est un style de trading qui tente de réaliser des gains à court et moyen terme sur une action (ou tout instrument financier) sur une période de quelques jours à plusieurs semaines. Les Swing Traders utilisent principalement des analyses techniques pour rechercher des erreurs de trading.

Les swing traders peuvent utiliser une analyse fondamentale en plus d'analyser les tendances et les modèles de prix.

En Turquie, le swing trading consiste à occuper un poste long ou court pendant plus d'une session de trading, mais généralement pas plus longtemps que n plusieurs semaines ou quelques mois. Il s'agit d'un laps de temps général, car certaines transactions peuvent durer plus de quelques mois, mais le commerçant peut toujours les considérer comme ng métiers. Les swing trades peuvent également se produire au cours d'une séance de négociation, bien qu'il s'agisse d'un résultat rare qui est provoqué par une condition extrêmement volatile s.

Le but du swing trading est de créer une partie d'un mouvement de montée potentiel. Alors que certains commerçants recherchent des actions volatiles avec beaucoup de mouvement, d'autres peuvent préférer des actions plus calmes. Dans les deux cas, le swing trading consiste à identifier où une entreprise est susceptible de se déplacer ensuite, à entrer une solution, puis à économiser une partie des bénéfices si ce mouvement est important.

Les commerçants qui réussissent cherchent à déplacer une partie du prix attendu, puis à passer à l'unité suivante.

Comment fonctionne Swing Trades

Le swing trading cherche à se concentrer sur les "oscillations" vers le haut et vers le bas au prix d'un titre. Les commerçants sont prêts à entreprendre de petits mouvements dans une tendance globale plus large. Les swing traders ont pour objectif de faire beaucoup de petits gains qui s'ajoutent à des rendements significatifs. Par exemple, d'autres commerçants peuvent attendre cinq mois pour gagner un bénéfice de 25%, tandis que les commerçants de swing peuvent gagner 5% de gains par semaine et dépasser l'O les gains du commerçant à long terme.

La plupart des commerçants de swing utilisent des graphiques quotidiens (comme 60 minutes, 24 heures, 48 heures, etc.) pour choisir la meilleure entrée ou sortie. Cependant, certains peuvent utiliser des graphiques de temps plus courts, tels que des graphiques de 4 heures ou horaires.

Dau Trading vs. Swing Trading

La distinction entre le swing trading et le day trading est, généralement, le temps de maintien des hausses. Le swing trading, souvent, implique au moins une attente pendant la nuit, alors que les commerçants de jour râlent les positions avant que le marché ne baisse. De manière générale, les résolutions de trading journalier sont limitées à une seule journée, tandis que le swing trading implique de tenir pendant plusieurs jours à plusieurs semaines.

En maintenant la nuit, le commerçant de swing encourt l'imprévisibilité d'un risque absolu tel que gars ur ou down contre le ro séance. En prenant le risque, les échanges de swing sont généralement effectués avec une plus petite taille par rapport au commerce quotidien (un en supposant que les deux commerçants ont des sons de taille similaire). Les day traders utilisent généralement des tailles de position plus importantes et peuvent utiliser une marge de négociation journalière de 25 %.

Les swing traders ont également accès à une marge ou à un effet de levier de 50 %. Cela signifie que si le commerçant est autorisé à négocier sur marge, il doit mettre 25 000 $ en capital pour une transaction d'une valeur actuelle de 50 000 $, pour exemple.

Tactiques de Swing Trading

Un swing trader a tendance à rechercher des modèles de graphiques sur plusieurs jours. Certains des modèles les plus courants impliquent des croisements moyens mobiles, des modèles de cryptage et de poignée, des modèles de tête et d'épaules, des drapeaux et triangles. Les chandeliers d'inversion clés peuvent être utilisés en plus d'autres indicateurs pour concevoir un plan de trading solide.

En fin de compte, chaque swing trader conçoit un plan et une stratégie qui leur donne un avantage sur de nombreux métiers. Cela implique de rechercher des situations commerciales qui ont tendance à entraîner des mouvements prévisibles du prix de l'actif. Ce n'est pas facile, et aucune stratégie ou configuration ne fonctionne à chaque fois. Avec un rapport risque/récompense favorable, il n'est pas nécessaire de gagner à chaque fois. Plus le rapport risque/récompense d'une stratégie de trading est favorable, moins il a besoin de gagner pour produire un profit global sur de nombreux tras.

En utilisant un exemple historique, le graphique ci-dessus montre une période où Apple (AAPL) a eu un prix élevé. Cela a été suivi d'un petit schéma et d'une poignée qui signale souvent une poursuite de l'augmentation du prix si le stock se déplace au-dessus e le haut de la poignée.

Dans ce cas:

- Le prix monte au-dessus de la poignée, déclenchant un achat possible près de 192,70 $.
- Un endroit possible pour mettre une perte de stock est sous la poignée, marquée par le rectangle, près de 187,50 $.
- Sur la base de l'entrée et du stop-loss, le risque estimé pour le commerce est de 5,20 $ par action (192,70 $ - 187,50 $).
- Si vous cherchez une récompense potentielle qui représente au moins deux fois le risque, tout prix supérieur à 203,10 $ (192,70 $ + (2 * 5,20 $)) le fournira.

En plus d'un risque / récompense, le commerçant pourrait également utiliser d'autres méthodes de sortie, comme attendre que le prix atteigne un nouveau plus bas. Avec cette méthode, un signal de sortie n'a pas été donné jusqu'à 216,46 $, lorsque le prix est tombé en dessous du creux précédent. Cette méthode aurait entraîné un bénéfice de 23,76 $ par action. Pensez à une autre façon - un bénéfice de 12% en échange d'un risque inférieur à 3%. Ce swing trade a duré environ deux mois.

D'autres méthodes de sortie pourraient être lorsque le prix passe en dessous d'une moyenne mobile (non illustrée), ou lorsqu'un indicateur tel que le stock cet oscillateur franchit sa ligne de départ. .

Quels sont les "Swings" dans le Swing Trading ?

Swing trading essaie d'identifier les points d'entrée et de sortie d'un titre sur la base de son analyse intra-semaine ou intra-mensuelle llations, entre les cycles d'ortimisme et de résolution.

En quoi le Swing Trading diffère-t-il du Day Trading ?

Le day trading, comme son nom l'indique, consiste à effectuer des dizaines de transactions en une seule journée, sur la base d'une analyse technique et sophistique des systèmes de cartographie illustrés. Le commerce de jour cherche à réduire les petits profits plusieurs fois par jour, sans tenir aucun commerce pendant la nuit. Les commerçants de swing ne ferment pas leurs positions sur une base quotidienne et peuvent plutôt les conserver pendant des semaines ou des mois, ou même plus longtemps. Les commerçants de swing auront également tendance à incorporer à la fois l'analyse technique et fondamentale.

Quels sont certains indicateurs ou outils utilisés par les Swing Traders ?

Les swing traders utiliseront des outils tels que les moyennes mobiles superposées sur des graphiques quotidiens ou hebdomadaires, des indicateurs de momentum, des outils de gamme de prix, un et des mesures du sentiment du marché. Les commerçants de swing sont également à la recherche de modèles techniques tels que la tête et les épaules et la poignée.

Quels types de titres sont les mieux adaptés au Swing Trading ?

Alors qu'un commerçant de swing peut profiter de

n'importe quel nombre de titres, les meilleurs candidats ont tendance à être des stocks importants, qui sont parmi les plus t n'a pas activement échangé des actions sur la principale bourse. Dans un marché actif, ces actions oscilleront souvent entre des points hauts et bas largement définis, et le swing trader surfera sur la vague en un jour s'arrêter pendant quelques jours ou semaines, puis passer du côté orrosite du commerce lorsque le stock s'inverse direction. Les swing trades sont également viables sur les marchés des changes et des marchés des changes.

Déterminer votre style de négociation

De nombreux investisseurs sur le marché ne s'arrêtent jamais pour considérer quelle nature de commerçant ils sont vraiment. Bien que cela ne ressemble pas à quelque chose qui serait si important, savoir exactement quelle nature de commerçant vous êtes peut faire ou casser votre voiture d'investissement euh. Imaginez ce qui précède en termes d'équipe de football. Les joueurs sont tous très talentueux; la plupart peuvent courir vite, frapper fort et avoir la capacité habile de lancer et d'attraper la balle. Cependant, certains sont plus compétents que d'autres dans certains domaines. Les receveurs attrapent mieux que les kickers ; c'est juste une partie de leur créateur. Cependant, si le receveur tentait de faire le travail du botteur, il est fort probable que peu de buts sur le terrain seraient marqués.

Investir dans le marché est la même chose. Au sein de votre personnalité, vous êtes probablement bien adapté à une activité commerciale particulière ; la seule question est de savoir quel pneu est-ce? En général, il existe trois types de commerçants sur le marché : les commerçants de positions, les commerçants de swing et les commerçants de jour.

Négociants de position : ces investisseurs sont généralement des commerçants qui s'en tiennent à leurs actions sur le long terme. Des gars comme Warren Buffett entrent précisément dans cette catégorie. Les commerçants de position peuvent être à la fois longs et courts ; cependant, un thème refait constamment surface : ces gars-là sont là pour un grand déménagement à long terme. Habituellement, les commerçants n'achètent que des actions, car au fil du temps, les marchés augmentent généralement. Prenez le Dow Jones Industrial Average (INDU) par exemple. Au cours des 13 dernières années, le Dow Jones est à environ 800 %, ce qui ravira probablement les investisseurs qui achètent et conservent les actions du Dow. Les commerçants d'ortions peuvent également être des commerçants de position, bien qu'ils le fassent généralement par le biais d'appels couverts, c'est-à-dire en essayant de baisser r leur base de coût dans certains stocks, tout en achetant également des ordonnances LEAP.

SWING TRAKE : INVEARTOART QUI PRENENT YHO TAKERR-TBETTA l de thly satator. Les swing traders sont probablement les plus dynamiques des trois types de traders, car ils sont capables de modifier les temps de maintien , comme le marché l'exige. Les Swing Traders se déplacent à la fois long et court, en tirant parti de l'analyse technique, des gains, des fondamentaux et des macro-événements du marché.

Day Traders : nous les appellerons les rois du stress. Les commerçants de jour tentent de tirer parti des mouvements intrajournaliers avec les marchés, en négociant souvent sur l'élan et les nouvelles. Les commerçants de jour deviennent parfois des commerçants de swing, si une position justifie la tenue pendant une période plus longue. De plus, d'après nos expériences, les commerçants de jour peuvent souvent devenir des commerçants de position, lorsqu'ils détiennent un perdant trop longtemps ! Le day trading est idéal pour ceux qui sont capables de gérer les mouvements erratiques du marché, tout en ayant également le temps de surveiller ro des séances tout au long de la journée. Il est important de noter que si vous ne voulez pas échanger pour gagner votre vie, ou si vous n'avez pas le luxe de regarder vos échanges à tout moment, le commerce de jour devrait être laissé à le pour. En substance, le day trading est le risque le plus risqué des trois styles, car souvent un élan à court terme peut déclencher des positions contre les plus grands tendance. Bien que la même chose se produise de temps en temps dans le swing trading, le comportement erratique du day trading contre la tendance peut entraîner de gros perdants, si La rosition tourne dans le mauvais sens.

Avec ces définitions à l'esprit, notez que nous avons compilé ce livre avec des stratégies que nous trouvons vraiment efficaces pour les commerçants de swing dans al la plupart des environnements de marché. De plus, comme vous êtes sur le point de le voir, le swing trading est une bien meilleure alternative au day trading pour ceux qui cherchent quelque chose moins de stress dans leur vie que ce qu'implique le commerce de jour. Avec les analyses et le timing appropriés, le swing trading peut être extrêmement rentable pour ceux qui ont de la patience, des recherches, une grande variété de des outils (dont vous lirez ici) et des compétences en gestion de l'argent.

POURQUOI LE SWING TRADING EST UNE MEILLEURE ALTERNATIVE AU DAY TRADING

Le day trading est, sans aucun doute, le moyen le

plus difficile des trois styles de trading précédemment mentionnés pour gagner de l'argent de manière constante. Cependant, beaucoup de gens sont attirés par le glamour et l'excitation du commerce de dau, qui malheureusement ne finit presque jamais bien, surtout vous si le commerçant n'a pas d'expérience antérieure sur le marché professionnel. Comme beaucoup de choses dans ce monde, quand il s'agit de commercer au jour le jour, probablement seulement 10 pour cent des gens font 90 pour cent du mois non. Le fait est que la plupart des commerçants indépendants explosent et disparaissent généralement.

Le swing trading peut être un style de trading beaucoup plus efficace, en particulier pour les nouveaux commerçants. En maintenant des positions pendant la nuit et même pendant quelques semaines, les commerçants peuvent exposer moins d'argent pour des mouvements plus importants. Pensez-y un instant.

Si vous deviez investir 10 000 $ dans une action de 50,00 $ et qu'elle se déplaçait de 3,00 $, le bénéfice de négociation du jour serait de 600 $. De plus, le bénéfice du swing trading serait également de 600 $. Cependant, sur une base intrajournalière, le stock devrait bouger de 6% pour que l'événement annoncé devienne une réalité. Cependant, si vous deviez détenir ce même stock pendant deux semaines, vous n'auriez qu'à voir le stock augmenter de 0,006 % par jour (en supposant que 10-tra jours), quelque chose de beaucoup plus probable qu'un mouvement intrajournalier en termes de pourcentages .

En fin de compte, ce qui revient au fait qu'en faisant du swing trading au lieu du day trading, les investisseurs sont capables de consommer moins C'est essentiel pour les marchés d'atteindre des objectifs extraordinaires. Il est important de noter que les commerçants de swing prennent un "risque total", ce que les commerçants de jour n'ont pas.

Le risque absolu est que les commerçants tiennent qu'une position s'écarte d'eux lorsque les marchés ouvrent le matin, généralement après des nouvelles imprévues. Cependant, avec une recherche appropriée, le swing trader cherche en fait à faire du risque de jeu un autre outil dans son rapport e qui aide réellement à augmenter leur ligne du bas. e.

La question est donc de savoir quels types de stratégies génèrent constamment des bénéfices qui rendront les investisseurs riches à long terme ? Nous sommes heureux de vous dire que la bible du Swing Trader tente de répondre à cette question.

En fin de compte, les stratégies ici nous ont aidés à enregistrer des bénéfices jour après jour au fil des ans, avec beaucoup moins de stress que le commerce de jour, ou que l'achat à long terme et le maintien lorsque le marché se retourne.

Il est important de réitérer un point très important. Les concerts de ce livre ont été intentionnellement simplifiés. Il y a beaucoup de programmes de trading basés sur des données sur le marché, créant la fausse impression que trop Évaluer la note par les mathématiques est la dix manière de vraiment gagner de l'argent. De plus, de nombreux commerçants basés sur les mathématiques ridiculisent souvent ceux qui préfèrent leur commerce simplement, car il y a un sens de l'élitisme du marché qui et certains avec des substances à base de solvants.

Certains des commerçants les plus riches du monde ne sont

pas ceux qui compliquent excessivement le marché par le biais des mathématiques, des principes fondamentaux ou des techniques. Les commerçants vraiment prospères - le plus souvent - sont ceux qui comprennent le grand problème, savent comment faire simple, prennent le temps de regarder les fondamentaux, omics et techniques, tout en ayant également un solide plan de gestion de moneu çà. Ces commerçants sûrs ont un sens aigu de l'instinct commercial, basé sur de nombreuses raisons de comprendre le flux et le reflux dynamiques de l'argent sur le marché. t. Beaucoup de ces gars sont des swing traders avec un trait très similaire : ils savent comment disséquer les marchés, les actualités, les fondamentaux et la technique. De plus, tout en conservant les informations à un niveau simple et courant.

Vous voyez, lorsque nous compliquons trop les choses, nous perdons souvent de vue le bon sens, quelque chose qui est essentiel à la confidentialité continue avec les marchés.

Habituellement, certains des commerçants les plus probables de l'élan plaisanteraient en disant qu'ils ont fait une règle pour ne jamais lire sur les sociétés qu'ils ont échangées. La philosophie était qu'en sachant exactement ce qui se passait à un niveau fondamental dans le somnany, le commerçant aurait une opinion sur le stock et ne parvient donc pas à échanger de manière imparfaite avec la dynamique du marché. Nous ne recommandons clairement pas cette stratégie ici, mais sommes simplement en train de mettre en évidence quelque chose d'intéressant. Pour être rentable en tant que swing trader, il est important de faire toutes nos recherches ; cependant, si à un moment quelconque nos pensées sur une entreprise ou un marché commencent à influencer notre bon sens, il est temps de faire un pas en avant et de ne pas pas de commerce. Si le bon sens s'estompe parce que nous sommes trop proches de la situation, il est peu probable que nous soyons en mesure de prendre les bonnes décisions lorsque la chaleur monte.

Ainsi, gardez toujours à l'esprit les stratégies de swing trading présentées ici. Les stratégies fonctionnent, mais elles ne fonctionneront pas 100 % du temps. C'est juste la façon dont il est. Sur les marchés, rien ne fonctionne tout le temps, et finalement chaque commerçant va être confronté à une position perdante. C'est quand les murs commencent à s'effondrer que nous gagnons notre chemin, et avec les stratégies de ce livre, la plupart des commerçants devraient être en mesure de tomber ou de changer de méthode. c'est recourir ou échanger des positions de chant, mais seulement si elles sont assez fortes ne jamais enfreindre leurs règles de gestion monétaire, mais aussi ouvert d'esprit et capable de passer de quelque chose qui ne fonctionne pas à quelque chose qui fonctionne .

Souvent, les commerçants de jour n'ont pas le même luxe que les commerçants de swing ont, et il est important que les commerçants de swing se souviennent que le vous disposez de nombreux outils pour vous adapter à l'évolution du marché. eux. Ensuite, nous verrons ce que vous devez savoir pour utiliser ce livre efficacement et pour échanger de manière rentable tout en vivant une vie d'investissement à faible niveau de stress. fe.

COMMENT METTRE EN ŒUVRE AVEC SUCCÈS DES OPÉRATIONS GAGNANTES

D'abord et avant tout, il est important de comprendre et d'accepter le fait qu'investir n'est pas facile. Si c'était le cas, tout le monde le ferait. Cependant, parce que c'est l'une des méthodes les plus compétitives, implacables et impitoyables de croissance de la richesse, il y a aussi une autre côté de la médaille. Pour ceux qui comprennent vraiment les marchés et prennent le temps d'apprendre à investir, les bénéfices peuvent être stupéfiants. Contrairement à la possession d'une entreprise, d'un bien immobilier ou même de votre carrière, investir a un avantage indu : vous pouvez l'éteindre à tout moment. Si une rosition va contre vous, le commerce peut être fermé à tout moment, ce qui entraîne des pertes, tout en vous donnant l'erreur de chercher de nouveaux - et des configurations rentables sur le marché. Oui, les entreprises peuvent se restructurer, les maisons peuvent être vendues et les carrières peuvent être modifiées, mais rarement du jour au lendemain. Si vous vous souvenez que le swing trading et l'investissement vous offrent la possibilité instantanée de changer votre destin, le ciel ne s'assombrira jamais et devrait Si vous vous opposez à vous, vos systèmes peuvent être arrêtés en fermant simplement le commerce.

Nos émotions peuvent facilement prendre le dessus sur nous lorsqu'un échange commence à échouer; cependant, si nous avons des compétences solides en matière de gestion de l'argent, nous pouvons facilement garder nos émotions sous contrôle. Il est fortement recommandé aux investisseurs de prendre le temps de s'asseoir et d'évaluer leurs plans de gestion de l'argent pour l'utiliser efficacement. c'est un livre. Si vous le faites, si vous avez un plan de gestion de l'argent en place avant même de négocier, vous serez la tête et les épaules au-dessus de beaucoup de ceux qui tentent de m gagner de l'argent sur les marchés.

Les commerçants de swing doivent également comprendre

le paradigme plus large de la mentalité de troupeau sur le marché. Considérez ces deux duos du dramaturge du XIXe siècle Henrik Ibsen :1

« La majorité a toujours tort ; la minorité a rarement raison.

"L'homme le plus fort du monde est celui qui est le plus seul."

Ces duos nous disent quelques choses très importantes. Tout d'abord, comme Galileo a prouvé que le soleil n'orbite pas autour de la terre, de rares individus sont capables de transcender la mentalité du grand marché du troupeau, faisant ainsi une percée majeure non seulement dans leur propre vie, mais aussi dans la société. Cependant, la majorité a souvent tort, quelque chose que nous avons vu maintes et maintes fois sur les marchés, les économies, la société et la politique ça.

Quelques exemples incluent la bulle dot.bomb de la fin des années 1990 et le gâchis immobilier de ces dernières années. Le fait est que chaque fois que le troupeau gagne de l'argent en premier dans certains domaines du marché ou de l'économie, ayez très, très peur, car l'exubérance a s'installe, et le troupeau est probablement sur le point de trouver leurs arrières remis sur un plateau d'argent.

Ensuite, le jeu des reproches commence à plusieurs reprises, cette vérité prévaut.

Quoi qu'il en soit, dans le duo d'Ibsen où il déclare, "le mineur a rarement raison", nous trouvons une autre vérité sur les marchés. Oui, Columbus a prouvé que le monde n'est pas plat, et dans les années 1980, le commerçant surrensu George Copos a réservé 1,1 milliard de dollars - en un seul jour - en raccourcissant la ronde britannique, contre le troupeau. Cependant, ceux qui triomphent dans la minorité sont rares. Habituellement, la minorité a tort, surtout ceux qui appellent à des krachs boursiers ou à des rassemblements d'actions énormes basés sur des gains attendus c'est complètement irréel.

Ce que tout cela signifie, c'est que nous voulons faire partie de la minorité qui a raison - prendre d'énormes morceaux d'argent hors de la marque et - mais nous devons continuer à garder un sens de la réalité et ne pas laisser notre propre exubérance minoritaire tirer le meilleur parti de nous.

La seconde duite d'Ibsen nous rappelle que pour vraiment faire des sommes d'argent significatives sur les marchés, il faut se souvenir qu'à un moment donné Nous devrons donc trouver la force de rester seuls, ce qui a également été répété dans la première partie. Les super-investisseurs comme Warren Buffett le savent trop bien.

En avril 2008, Warren Buffett s'est entretenu avec un groupe d'étudiants en commerce au siège social de Berkshire Hathaway à Omaha, dans le Nebraska. Le magazine Fortune était sur place pour enregistrer ses paroles, en disant à Buffett :

"Vous savez, je dis toujours que vous devriez être gourmand quand les autres sont craintifs et craintif quand les autres sont gourmands. Mais c'est trop s'attendre.

Bien sûr, vous ne devriez pas devenir gourmand quand les autres deviennent gourmands et craintifs quand les autres deviennent craintifs. Au minimum, essayez de rester à l'écart de cela.

Voici le point crucial : nous devons nous rappeler de faire preuve de mentalité de troupeau dans les marchés (au moins lorsque nous négocions à contre-courant), tout en veillant à ne pas tomber victime d'exubérance lorsque la cupidité s'installe. Cependant, pour ce faire, nous devons être assez forts pour être seuls.

La première règle de rentabilité : la perte de magasin

Conventionnellement, nous pensons à arrêter les commandes perdues comme quelque chose d'assez simple, quelque chose à oublier puis à oublier. Cependant, comme le montre la bible du Swing Trader, les arrêts sont des outils incroyablement puissants qui augmentent la rentabilité vous s'il est utilisé correctement. Vraiment, les arrêts sont un outil de trading, pas seulement un moyen simple pour les commerçants de se protéger contre les pertes.

Le fait est que, lorsque les arrêts sont intégrés à votre stratégie de négociation, vous pourriez simplement voir votre intérêt augmenter.

Lorsque la plupart des commerçants réfléchissent à ce qui les pousse à lancer une transaction, ils pensent à des éléments tels que les fondamentaux, les signaux techniques ou les événements liés à l'actualité. Cependant, ce à quoi les commerçants devraient penser, c'est la sortie. La sortie est tout.

Les meilleurs commerçants du monde ne sont pas ceux qui peuvent trouver de bons métiers ; au contraire, les commerçants les plus sûrs sont ceux qui savent comment sortir. Quand on pense d'abord à la sortie, permettant au marché de nous emporter, on enlève l'émotion tout en se donnant le plus fort Tout pour gagner, basé sur le simple fait qu'au moment où nous avons commencé la position, nous avons prédéterminé notre sortie sans laisser nos émotions entrer dans notre wow.

LA FIN DOIT TOUJOURS VENIR EN PREMIER

Prenez un moment pour réfléchir à arrêter les pertes

comme la conduite. Vous arrive-t-il de monter dans votre voiture sans savoir où vous allez ? Bien sûr, certains peuvent opter pour un Sundau en voiture juste pour le paysage ou pour s'éloigner et réfléchir, mais sans doute, la plupart ne conduisent jamais pour conduire.

Le commerce est le même : si vous vous attendez à aller n'importe où, vous devez avoir une destination en tête avant de commencer. Prendre une position sans arrêt aboutit souvent à n'arriver à rien du tout, surtout si les conditions commerciales sont choisies. La simple vérité de la question, cependant, est que la plupart des nouveaux commerçants ne se demandent jamais où va leur commerce, qu'il soit rentable ou non.

La plupart des investisseurs prennent simplement une position basée sur une grande entrée qu'ils pensent voir, sans tenir compte du résultat potentiel s. Veuillez noter que les résultats sont pluriels, car chaque fois que vous achetez ou vendez un stock, une des deux choses est garantie ed à arriver. Vous allez gagner ou perdre de l'argent.

Période. Ainsi, les investisseurs qui veulent réussir doivent toujours considérer deux résultats pour chaque métier : comment et où ils verront leur profit s, ou où ils placeront l'extincteur qui empêche toute la maison de brûler jusqu'au sol. Cela va sembler un peu difficile : si vous ne considérez pas où vous allez quitter un échange, s'il devait tomber en panne, avant que vous n'obteniez dans, vous vous moquez de vous-même, et finalement, vous allez vous faire fumer .

La déclaration précédente est une déclaration froide et dure; cependant, la gamme de négociation d'une action ou d'une partie ne se soucie pas de vous. Et considérez que chaque fois que vous effectuez une transaction, quelqu'un quelque part est du côté opposé, espérant pouvoir prendre votre argent. Astucieusement, ils rêvent de prendre votre argent, et si vous laissez votre portefeuille juste assis sur la table (prendre une photo sans magasin), à la seconde où vous ne regardez pas, il aura disparu. Vous pouvez vous plaindre de tout ce que vous voulez, mais c'est de votre faute et de votre faute uniquement si vous n'avez pas la fin en tête.

Espérons que vous êtes considérablement offensé en ce moment même. La discussion sur les arrêts est tellement importante que nous devons battre ce point à la maison jusqu'à ce que les investisseurs voient à quel point il est absolument irréfléchi commerce impossible sans perte d'ordres.

GRÈVES DE CATASTROPHE IMPRÉVUES À L'OCCASION

Comme vous le savez peut-être déjà, Bear Stearns est tombé à travers le sol en mars 2008, lorsque des pertes considérables se sont étendues aux factures.

Au cours de la deuxième semaine de mars 2008, des nouvelles ont commencé à se répandre sur les marchés selon lesquels Bear Stearns éprouvait des difficultés à s'amuser à cause de la osse sur le marché de l'hypothèque. Le vendredi 14 mars, l'action a clôturé à 30 $ l'action ; cependant, lorsque la cloche d'ouverture a sonné sur Wall Street le lundi matin suivant, les actions se négociaient à un maigre 2 $ par action. Bear Stearns a tout simplement manqué d'argent; ainsi, la réserve fédérale a orchestré un accord par lequel JP Morgan achèterait Bear Stearns battu pour moins d'un morceau de soffe r shar e.

Les investisseurs qui avaient des commandes en cours ont pris le même crochet droit sur le menton que ceux qui n'avaient pas de commandes en cours. Les deux groupes d'investisseurs ont probablement tout perdu.

Le point ici est que de temps en temps, de mauvaises choses arrivent aux bonnes personnes, même sur le marché. Même les commandes de perte de stockage ne feront pas économiser votre argent en cas de catastrophe imprévue. Cependant, la solution est simple : diversifier. Si vous n'avez pas tous vos œufs dans le même panier, ils ne peuvent pas tous se casser lorsqu'un éléphant s'échappe du zoo dans un saccage fou et écrase tout ng son sillage. En fin de compte, la diversité est un outil de perte de stock, surtout lorsqu'il s'agit de votre portefeuille de retraite. Nous allons maintenant aborder la manière dont les pertes de stockage sont utilisées comme outils de trading pour la rentabilité, d'abord les stocks durs, suivis des derniers, et enfin, comment décider entre les deux magasins dans divers scénarios de commerce.

HARD STOPS COMME OUTIL DE PROFIT

Au fil des ans, nous avons vu certains des meilleurs commerçants du monde bloy ur, parce qu'ils n'avaient pas d'arrêts exceptionnels. Étonnamment, même les commerçants les plus incroyables du monde ont besoin d'arrêts difficiles.

Les arrêts difficiles sont plus qu'un simple endroit pour empêcher nos métiers de tomber à travers le sol. Ils sont un outil qui peut nous aider à conserver de manière cohérente les bénéfices, en particulier sur les marchés volatils. Les arrêts durs utilisés avec quelques stratégies simples peuvent faire toute la différence par rapport à l'essentiel. Ainsi, nous allons passer en revue deux stratégies d'arrêt dur qui peuvent être utilisées avec des arrêts de fin.

Arrêts durs pour se protéger contre les pertes imprévues Lors du swing trading, nous voulons généralement utiliser des arrêts durs sur les graphiques quotidiens afin de ne pas ne pas être ébranlé par la volatilité intrajournalière. Lorsque vous ouvrez un commerce, vous devriez toujours avoir un stock dur en suspens. Il est essentiel pour la rentabilité à long terme de toujours choisir votre premier magasin dur avant que vous n'appuyiez sur la gâchette pour acheter ou vendre un instrument de marché. Quoi? Parce que lorsque nous déterminons notre premier point de perte de stockage avant d'entrer dans le commerce, nous le faisons à partir d'une position sans émotion. Plus souvent qu'autrement, lorsqu'un échange commence à nous contrarier, nos émotions s'emballent et, même pour les meilleurs commerçants du monde, il est difficile de encrez clairement lorsque nous craignons de perdre de l'argent.

En utilisant des arrêts difficiles pour se protéger contre les pertes imprévues, il y a quatre règles de stockage à suivre :

1. Choisissez toujours votre point de magasin initial avant d'appuyer sur la gâchette pour acheter ou vendre.

2. Passez immédiatement une commande après avoir pris une décision. Choisir un point de perte de stock mais ne pas passer de commande, c'est comme conduire une moto avec le casque attaché à l'élastique au siège.

3. Déterminez à l'avance si vous allez déplacer votre magasin ou (pour les transactions à court terme) si vous avez un seul magasin en suspens, après l'ouverture de la rosace sur.

4. Toujours placer les arrêts du côté opposé du soutien/ résistance et/ou des nombres entiers.

Le fait est que plus vous investissez longtemps, plus il y a de chances que vous finissiez par placer un échange contre vous. vous.

C'est la façon dont les mauvaises transactions sont gérées qui sépare les plus sûres des hacks. De plus, vous ne serez peut-être pas toujours devant votre ordinateur. Si une action va à votre encontre alors que vous n'êtes pas présent, comment allez-vous vous protéger ?

Dans cet esprit, parce que nous faisons du swing, pas du trading, nous voulons garder nos arrêts aussi serrés que possible tout en marchant sur une ligne très fine de "non". si serré »que nous sommes stockés hors du commerce réel. Pour clarifier la ligne fine, nous devons examiner la plus grande diversité derrière le commerce, afin que nous comprenions où la principale solution technique et la résistance et les lignes de tendance sont dans notre commerce. De plus, nous devons également savoir où les niveaux fondamentaux changent. Par exemple, à mesure qu'un stock monte au cours d'un trimestre, le rapport P / E final augmentera également. Lorsque le stock monte suffisamment haut, le ratio P / E peut dépasser la moyenne de l'industrie et présenter un scénario fondamentalement de surachat. Les arrêts commerciaux initiaux doivent toujours être placés du côté opposé du soutien / de la résistance et / ou des nombres entiers.

Hard Stors avec Momentum

Maintenant que nous avons couvert les arrêts difficiles pour nous protéger contre les pertes initiales, nous pouvons en déduire que si nous ne sommes pas complètement arrêtés après avoir pris un tra de, le commerce doit travailler pour vous. L'une des plus grandes erreurs des commerçants est de laisser un gagnant se transformer en perdant, ce qui est une expérience incroyablement répugnante. pour presque tout le monde.

Chaque commerçant finit par le faire une ou deux fois. Espérons que si vous ne l'avez pas encore fait, en lisant cette charte, vous n'aurez pas à ressentir l'immense sentiment de désarroi et la solidité lorsque vous laissez une fuite commerciale gagnante dans le r ed.

L'un des moyens les plus simples d'utiliser les magasins en dur pour maximiser la rentabilité est de surfer sur la vague d'élan de notre commerce. Cette stratégie n'est pas incroyablement simple mais aussi extrêmement efficace.

Dans la prise de vue, le temps difficile à suivre est pour vous rendre compte (pour vous-même (pour le plus) ou en bas (pour les mêmes) de votre tradition. Les commerçants utilisent simplement le bas du jour précédent, moins quelques centimes (ou quelques dollars, si vous négociez une action très chère comme Google), comme le torroint où vous fermez votre commerce. . Lorsque l'élan joue vraiment en votre faveur, l'action, l'ETF ou l'indice que vous négociez continuera de baisser plus haut avec succès (pendant longtemps) ou abaisser les aigus avec succès (pour les shorts).).

Lors de l'utilisation de l'élan - et il y a un énorme sandle d'évasion - réorganisez votre rositition ur en plus petits rarts (comme 100, 200 ou 500 lots de partage). si vous négociez 1 000 sha res in eash rosition), rutting dans les magasins lors des principaux retraits de Fibonacci de la sandle d'évasion. Ce que nous faisons ici, c'est donner au stock une certaine marge de manœuvre après la rupture, sans rendre tous nos bénéfices.

Par exemple, vous mettriez un arrêt brutal sur 50 % de votre position au recul de 38,2 %, 25 % de votre rose. au retracement de 50 %, et finalement 25 % de notre position au retracement de 61,8 %. Remarquez que nous avons fermé la moitié de la croissance au point de retrait le plus élevé, par rapport à l'évasion, afin d'en savoir plus c'est aussi probable.

UTILISER DES ARRÊTS SUIVANTS POUR AUGMENTER LA RENTABILITÉ

Dans le monde d'aujourd'hui, il y a de fortes chances que vous soyez assez occupé. Si vous êtes comme nous, vous avez 10 choses qui se passent en même temps, à la fois à l'intérieur et à l'extérieur du marché. Et pour certains d'entre nous, c'est juste trop pour s'asseoir et regarder nos positions toute la journée.

Vous n'êtes pas obligé de le faire, du moins pas si vous utilisez des arrêts de fuite, ce qui peut vous aider à tirer profit de l'intrad au dynamisme sans avoir à être là.

En un mot, un arrêt final est un ordre de perte de stock basé sur un certain pourcentage, ou un montant de points, par rapport à l'arrêt ck. Les arrêts de fin suivent le stock, au fur et à mesure qu'il se déplace, en s'ajustant constamment à mesure que votre commerce devient de plus en plus rentable.

En substance, les arrêts de fin vous permettent de verrouiller les bénéfices dans un commerce qui vous suit (à la fois long et court), tout en aidant également à Minimiser les pertes, la souche vous tire soudainement un coup.

Imaginez ce scénario : vous achetez des actions XYZ à 20 $ dans une tendance haussière audacieuse et définissez votre stock initial à 19 $. Au cours des jours suivants, le stock monte en quelques sessions seulement et votre échange a gagné 3 $.

À ce stade, vous déplacez votre stock dur jusqu'à 22 $. Vous avez effectué un magasinage manuel en déplaçant votre magasin pour protéger vos 2 $ de bénéfices.

Cependant, vous pensez que ce jour-là, le stock va avoir une énorme évasion, après quoi la course pourrait être terminée. Ce que vous pourriez faire est de mettre un arrêt de fuite de 50 cents, ce qui vous permet de réaliser des bénéfices au fur et à mesure que le stock se déplace. De plus, vous avez la garantie d'un bénéfice de 2,50 $ si le stock s'effondre instantanément à l'ouverture.

Le risque : lorsque vous effectuez des arrêts de fin, vous risquez d'être secoué (agité) hors de votre position si une sorte de volatilité s'ensuit es, que ce soit en stock ou en marché. De plus, les stocks restants nécessitent souvent des commandes sur le marché, et si le stock commence à baisser, l'ordre électronique peut vous apporter un horrible f malade. Cependant, il s'agit d'un risque avec toute nature de magasin lié au marché.

La récompense : Parfois, les actions peuvent créer des mouvements ascendants spectaculaires (infrajournaliers) que vous n'êtes peut-être pas devant votre ordinateur pour voir. Cependant, si une action de 20 $ devait sauter 10 $ sur une rumeur de prise de contrôle, puis retomber à travers le sol le même jour (les rumeurs peuvent souvent faire bouger une action de manière erratique vous), il y a de fortes chances que votre arrière-train vous aurait donné 9,50 $ de profit. Les arrêts de fuite sont parfaits pour s'assurer que vous vous concentrez sur les mouvements intradau, mais ne devraient probablement pas être utilisés pour des transactions à plus long terme, comme dans Essentiellement, ils créent un scénario de négociation à l'aveugle où nous ne contrôlons pas vraiment la situation.

Si la volatilité s'ensuit, nous pourrions inutilement être arrêtés de nos métiers.

Il est vrai que les arrêts brusques ont le même problème, mais la différence est que vous contrôlez les arrêts brusques, pas le marché et votre com mettre.

À la fin de la journée, les derniers stocks sont d'excellents candidats pour les situations d'élan, où un stock évolue rapidement. En mettant en œuvre un magasin de fin, nous sommes souvent en mesure de sortir à un prix idéal lorsque l'élan s'inverse, même lorsque nous ne sommes pas à nos ordinateurs. Il est important de noter que dans les actions illiquides, nous risquons un mauvais remplissage si nous utilisons un stock de fuite avec un ordre de marché.

Ainsi, les arrêts de fuite sont mieux réservés aux actions très liquides, où l'utilisation d'un ordre de marché n'est pas un problème.

Une chose que nous devons vraiment ramener à la maison est que nous devrions toujours avoir un plan de perte de stock distinct en place avant d'entrer dans un commerce. Quel que soit la fin de la fin de la fin, nous nous sommes plus importants que les derniers sont en train de vous-même, ce qui commence à tout ce qui ne commence pas à nous.

En utilisant des arrêts durs et traînants, nous augmentons notre rentabilité en nous protégeant contre les pertes. Il est vrai que nous pourrions prendre un coup de temps en temps si un stock tombe complètement du lit; cependant, nous pourrions potentiellement prendre un coup encore plus grand si nous négociions imprudemment sans aucun arrêt.

Alors que certains pourraient préférer jeter le saut au vent et éviter complètement les étourdissements, même les chances sont grandes une masse J'ai la perte s'ensuivra. En fin de compte, il s'arrête vraiment à un bon ménage et à la manière responsable de faire du commerce. C'est vraiment du bon sens, ce qui nous amène à la Charte 3 sur le sujet même. Ce dont vous parlez, c'est du bon sens, quelque chose que les investisseurs et les commerçants oublient le plus souvent, les règles du marché.

La deuxième règle de la rentabilité : les fondamentaux communs

Allons droit au but : étudier les fondamentaux est souvent aussi excitant que regarder. Du moins, cela semble être le cas au début, surtout si vous n'êtes pas un analyste étrange de Wall Street. Vraiment cependant, la plupart des analystes (généralement) aiment ce qu'ils font parce qu'ils voient que creuser dans les chiffres n'est pas du tout une corvée. À la fin du différend, ces chiffres peuvent signifier de gros buscs.

Cependant, les recommandations que la plupart des analystes compilent ne sont pas ce qu'ils mettent derrière leur argent réel. Voici pourquoi : Premièrement, en raison des réglementations de l'industrie, la plupart du temps, les analystes ne peuvent pas acheter les actions qu'ils suivent. Deuxièmement, même lorsque les analystes dissèquent une entreprise, le plus souvent ils n'ont pas la moindre idée de comment et où trouver la bonne entrée. vous pour un commerce swing. Les analystes sont rarement des commerçants.

Nous voulons faire de vous une sorte d'hybride, cependant. Nous voulons vous aider à faire de vous un trader et un technicien de swing fondamental agressif. Ce faisant, vous pouvez trouver des entrées techniques parfaites pour les échanges fondamentaux avec les stocks et les options. La plupart des commerçants à court terme (swing traders et day traders) n'imaginent presque jamais fusionner des techniques avec des fondamentaux, principalement parce que la recherche Il semble que ce ne serait pas seulement compliqué, mais aussi que cela prendrait une éternité. Ce que nous allons vous montrer ici, cependant, c'est que vous pouvez facilement obtenir un instantané fondamental d'une entreprise en 10 minutes, ou r moins. Et comme vous êtes sur le point de le voir, lorsque vous comprenez les principes fondamentaux sous-jacents du commerce, vous allez commencer à trouver des erreurs longues et courtes. des unités partout.

Nous utiliserons le terme commerce technique pour décrire la fusion des fondamentaux et des techniques. Après deux brèves notes, nous plongerons dans les principes fondamentaux du commerce et de l'investissement techniques. En tant que commerçants et investisseurs dans le monde réel, nous avons développé ces études de cas pour expliquer les fondamentaux. Ce n'est pas Wall Street, la théorie du costume étouffant; ce que vous êtes sur le point de lire, ce sont les vrais principes de base utilisés par les vrais investisseurs.

Encore une fois, ce qui suit sont des fondamentaux simples et sales, appliqués et développés par des commerçants, pour des commerçants. Certains analystes peuvent se moquer de ce que vous êtes sur le point de lire ici ; cependant, cette approche commune fonctionne vraiment.

ATTENTION AUX FNB, INDICES ET ÉVALUATION DES OPTIONS

Les principes fondamentaux communs sont destinés à aider à déterminer si un commerce de swing est fondamentalement à portée de main, qu'il soit long ou court, avec une entreprise vous et le stock ou les ordonnances sous-jacents.

En théorie, vous pourriez vous attaquer aux principes fondamentaux de toutes les sociétés au sein d'un ETF ou d'un indice, mais soyons réalistes : vous n'allez probablement pas le faire.

Cependant, plus les investisseurs commencent à regarder le sens commun des fondamentaux, plus ils ont de chances de savoir intuitivement si le marché en tant que Les entiers, les indices et/ou les ETF sont valorisés ou surévalués. Les investisseurs qui regardent les fondamentaux - et qui ont fait des recherches pendant des années et des années - savent juste, parce qu'ils ont vu le nombre de milliers s d'entreprises. Dans un instant, vous verrez ce que nous voulons dire.

Une note de plus : cela n'est pas vraiment important pour l'évaluation.

LE SENS EST ROI

Il y a une ligne fine entre gagner parce que vous en savez juste assez plus que la personne suivante et savoir tellement que vous avez tort.

Voici ce que nous voulons dire : Warren Buffett, sans doute l'un des plus grands investisseurs au monde, déclare régulièrement qu'il n'investit que dans les affaires qu'il reste. Le maigre, c'est que lorsque nous compliquons trop les choses à un point où il est difficile de voir la forêt pour les arbres, nous sommes généralement moins bien lotis que lorsque nous avons commencé. Dans le commerce à court terme, nous voulons savoir ce qui va faire bouger le marché aujourd'hui, demain et dans un mois. Cela nécessite parfois de regarder devant six ou neuf mois, mais quand nous compliquons trop la situation dans son ensemble, nous allons nous tromper parce que les cancers sont, le d'autres gars ne comprendront pas non plus.

Nous voulons savoir ce que les autres savent ou verront et agirons en conséquence. Si nous découvrons quelque chose de massif dans une industrie ou un stock qui est un pur génie, mais qui est si compliqué, personne ne pourra jamais comprendre mettre fin à notre découverte, évidemment cela n'aura pas d'importance à court terme.

Ce que nous disons, c'est qu'il faut rester simple et réel.

Voici un simple examen : en 1999 et 2000, l'exubérance des stocks de télévision et de fibre était très abondante sur les marchés, comme on le voit dans de nombreux magasins en ligne frappant les marchés numériques-numériques. La glace gagne en quelques mois. De nombreux analystes discutaient de la nouvelle valorisation de la technologie qui générerait des revenus énormes, massifs, bluffants, énormes et nets dans certains de la carassité et de l'infrastructure. Et puis les stocks de technologie se sont effondrés. Le fait était que, même avec la « nouvelle économie » qui se répandait dans les médias, les « primes de croissance » placées dans les stocks de technologies au début du siècle , a défié le bon sens.

Un mot au sage, si jamais vous entendez "nouvelle économie" sur le marché, quel que soit le stock ou le secteur auquel le terme est appliqué, il est probable se faire écraser.

Le fait est que les affaires sont les affaires et que les revenus et les revenus sont les principaux moteurs des affaires. Quand les gens disent "nouvelle économie", ils essaient généralement de s'aider eux-mêmes, croient qu'ils gagnent plus de revenus et que les revenus seront arriérés à l'avenir, que le bon sens est vrai. "Nouvelle économie" signifie généralement "faire court".

Revenons à l'analyse du bon sens cependant, quand cela devient trop compliqué et que Joe moyen ne "comprend pas", la situation défie probablement le sens commun oui, et vous devriez prendre du recul par rapport à votre recherche pour examiner ce qui se passe vraiment sous la surface .

Dans cet esprit, nous allons maintenant examiner les taux que beaucoup ont déjà vus et revus. Cependant, à la fin de la charte, vous verrez comment il est utile de jeter un autre coup d'œil sur les principes fondamentaux et les ratios communs de la le refus d'un commerçant.

LES RATIOS COMPTENT

L'un des moyens les plus simples de commencer notre évaluation consiste à examiner un ratio d'actions, y compris les bénéfices (PE), le PE à terme (FPE), la croissance des bénéfices (PEG), le livre (P/b) et la hausse des ventes (P/S).).

Cependant, ces taux ne signifient rien en eux-mêmes et doivent toujours être pris en considération avec des stocks similaires et la personne. C'est dans les prochains trimestres. Beaucoup pensent que ces ratios sont "faibles" ; cependant, pour le swing trader commun, "low brow" signifie vraiment "slarté, simplicité et sophistication".

Cours de négociation aux bénéfices (PE)

Pour le trimestre précédent, le ratio est obtenu en divisant le prix de l'action par les gains, autrement connu sous le nom de multiplicateur de gains. le. Il est souvent utilisé pour déterminer si la prime sur le prix d'une action est assez appréciée par rapport aux revenus actuels. Plus le multiple est bas, mieux c'est (5 à 20), bien qu'un PE de moins de cinq ans puisse indiquer que le marché ne rapporte pas beaucoup de perspectives de gains. Vous pouvez faire le calcul exact en divisant le prix actuel de l'action par le bénéfice dilué par action (EPS). En utilisant Yahoo Finance comme exemple, après avoir saisi un symbole d'action, cliquez simplement sur l'onglet Statistiques clés dans la barre de navigation de gauche pour trouver PSE dilué (voir Figure 3.1). En bas à gauche du graphique, vous verrez le nombre EPS dilué réel, qui est de 5,12 dans le cas de 3M. Ensuite, si nous divisons le prix de l'action (76,90) par le BPA dilué (5,12), nous obtenons un PE final de 15. Ce nombre ne signifie vraiment rien pour nous. t; nous devons voir le PE dans le contexte d'une histoire plus large.

En cliquant sur Concurrents sur la même barre de navigation de gauche, nous voyons alors (bien que non affiché ici) le PE compare entre 3M et trois grandes entreprises. De plus, nous voyons également le PE moyen de l'industrie, qui sert de référence pour savoir où se négocie l'action, en ce qui concerne les bénéfices connus. Dans le cas de 3M, la société avait un PE de 15, et la moyenne de l'industrie était la même. Ce que cela nous dit, c'est que pour la plupart, le stock se négocie là où il devrait être - au moment présent - en ce qui concerne le plus r environ quatre trimestres de gains.

Ce que nous recherchons vraiment ici, c'est un PE qui est nettement au-dessus ou en dessous de la moyenne de l'industrie, indiquant ainsi qu'un swing commercial fondamental pourrait b se profile (plus à ce sujet dans un instant).

Cours à terme sur bénéfices (FPE)

Suivant sur notre liste est fondamentalement le même ratio que le PE de fin, mais le FPE prend en compte les estimations pour la prochaine année complète , pas les quatre derniers trimestres ou l'année en cours. Le FPE nous donne une indication de l'endroit où le stock se négocie maintenant, par rapport aux attentes de gains futurs.

Ce qu'il est important de savoir, c'est ceci : parce qu'en théorie, les gains devraient augmenter année après année si une personne est en bonne santé, le FPE doit être inférieur au PE final.

Si le FPE est supérieur au PE de fin, cela devrait être un drapeau rouge immédiat indiquant que les revenus futurs devraient diminuer. Sur Yahoo Finance, vous pouvez trouver des numéros PE de fin et de fin sur les statistiques clés à examiner en ce qui concerne la croissance future des revenus. PEG peut être trouvé sur la plupart des sites Web financiers, par exemple, sous Keu Statist sur Yahoo Finance. Il y a deux mises en garde à PEG :

Les ratios PEG peuvent varier d'une source à l'autre, car différents fournisseurs de données utilisent des délais différents pour calculer les taux de croissance. Certains sites Web calculent le PEG sur une perspective de croissance sur trois ans ; d'autres utilisent cinq mois.

Cependant, cinq ans de croissance prolongée devraient être un protocole. Yahoo Finance utilise cinq années de données publiées et constitue donc une source fiable.

Nous avons déjà mentionné que lorsqu'un PEG s'approche de 3, le stock peut commencer à être surévalué, mais il est important de vérifier le nombre par rapport à la moyenne de l'industrie. Certaines industries comme la technologie ont parfois des PEG moyens plus élevés ; ainsi, les nombres de PEG ne sont que relatifs au sens commun de la moyenne du sestor.

Prix à réserver (P/B)

Le prix à réserver tient compte du cours de l'action divisé par l'actif total, moins les actifs incorporels et les passifs. (Les actifs incorporels comprennent des éléments tels que les marques, les franchises, les brevets, les marques de commerce, la propriété intellectuelle et la bonne volonté.) Vous n'avez pas besoin de calculer Cependant, presque tous les sites Web financiers majeurs le font déjà pour vous. .

Ce que vous devez savoir, c'est ceci : le bon sens nous dit que lorsqu'un stock commence à afficher une valeur comptable à deux chiffres, tandis que le rat PE is et PEG sont extrêmement élevés, vous devriez être prudent quant à la construction du tor.

Inversement, lorsque la valeur comptable tombe à 1, ou même en dessous de 1, le stock est probablement sous-évalué en termes d'actifs totaux de la société sur le bilan. Voici la mise en garde.

Les valeurs comptables égales ou inférieures à 1 indiquent que quelque chose s'est passé dans le stock ou le secteur qui a probablement provoqué une vente massive -off dans le stock.

Souvent, les actifs - par rapport au cours de l'action - sont sous-évalués. Cependant, il est important de vérifier pourquoi la valeur comptable est en effet si faible.

Vous voyez, en janvier 2008, les investisseurs ont commencé à se rendre compte que les constructeurs de maisons avaient radié les investisseurs dans les examens pour les tester.

Juste après le début de l'année, de nombreux constructeurs de maisons voyaient des ratios P/B autour de 1.

Croissance cours/bénéfices (PEG)

La croissance du prix par rapport aux bénéfices est similaire au ratio FPE, sauf qu'au lieu de diviser le prix de la forme par l'année suivante ar EPS estimate, le prix de la part est divisé par la croissance anglaise. En règle générale, lorsque le PEG est proche de 1, le titre est généralement sous-évalué.

De plus, les faibles ratios P / B indiquaient également que les sociétés de logement étaient une bonne affaire, sur la base de la seule évaluation du bilan. Les investisseurs intelligents ont remarqué et probablement profité du rebond des actions de construction de maisons tout au long de la première partie de 2008. Vraiment, c'était courant que les marchés du logement aux États-Unis n'implosaient jamais complètement et que les faibles taux P / B indiquaient l'essentiel de la Le mal était fait. En termes simples, à un niveau général, lorsque vous pouvez acheter un stock proche de la valeur d'actif réelle, toute croissance future des bénéfices est comme ment pour se traduire par une prime dans la part par oui.

Prix de vente (P/S)

Le prix de vente est également l'un de nos indicateurs de taux préférés, calculé en divisant le prix actuel par le revenu généré au cours des 12 derniers mois. De nombreux analystes négligent P / S, mais les commerçants ne devraient pas. Voici pourquoi : le prix de vente ne correspond pas aux dépenses ou aux dettes ; cependant, lorsque le prix de vente tombe bien en dessous de 1, les investisseurs peuvent en déduire que, fondamentalement, les affaires étaient bien meilleures dans le passé. Quoi qu'il en soit, si les problèmes sous-jacents étaient réparés, la forme pourrait facilement se rallier de manière significative à la marque t reçoit une augmentation des revenus qui se traduit par un revenu net.

Dans le cas des constructeurs de maisons, comme nous l'avons déjà indiqué, au début de 2008, la plupart des actions se négociaient avec des ratios P/S de 0,2 à 0,8. Ces taux étaient incroyablement bas et reflétaient avec précision le fait que les consommateurs avaient presque complètement cessé d'acheter des maisons. Cependant, le faible prix des tarifs de réservation indiquait également que les constructeurs de maisons écrivaient également des investissements en même temps, en tant que pr stratégie de bilan optimale.

Si le prix à payer est extrêmement bas, alors que le prix à réserver est - à un niveau commun - beaucoup trop élevé, regardez ci-dessous, car 9 fois sur 10, il m eans que les investisseurs exubérants oui овеpppicing un cul de somranu, mais les ventes traînantes étaient pas impressionnant.

Dans cet esprit, nous allons maintenant couvrir ce qui rend tous ces taux si puissants pour les commerçants de swing lorsqu'ils sont utilisés à un niveau de bon sens.

L'EXUBÉRANCE N'EST JAMAIS UN BON SENS FONDAMENTAL

Voici un petit secret sur l'investissement, (quelque chose qui semble être de bon sens, mais qui n'est souvent pas le cas) : investisseur exubérant Il ne peut pas voir la vérité. Ils ne peuvent voir que ce à quoi ils sont émotionnellement liés.

Les investisseurs de Manu deviennent émotifs tout en étant attachés aux actions dans leurs portefeuilles, ce qui signifie souvent qu'ils ne voient que ce qu'ils veulent, e même lorsque des nouvelles surgissent qui orroes leur ou. La tentative de détachement émotionnel est exastlu pourquoi - en tant que commerçants de swing - nous nous concentrons sur un petit nombre de parties communes, qui doivent toutes être vous à l'unisson, pas seulement en regardant la personne elle-même, mais aussi les moyennes du secteur.

Quoi qu'il en soit, souvent les investisseurs qui ont acheté une action le font parce qu'ils sont tombés amoureux de l'histoire, sur les fondamentaux. Ils ont trouvé un somranu incroyable qui promet des revenus massifs à l'avenir, parce que leurs produits ou services sont "juste que rev olutionaru."

C'est là que le bon sens entre en jeu. Quand nous regardons des choses comme PEG, qui montre le prix de la croissance attendue sur cinq ans, et il est faible, tandis que PE, P/S et P/B sont tous en jeu niveaux sonores, aussi, et le magasin du somrānu vous a la possibilité de méga revenus à l'avenir, il pourrait y avoir une raison d'acheter.

Cependant, lorsqu'une entreprise promet un méga revenu mais que PE, FPE, PEG, P/S et P/B sont à travers le toit, le bon sens nous dit : "Ouais, l'entreprise pourrait avoir des les choses se préparent, mais les événements futurs sont déjà dans le stock maintenant.

Les investisseurs exubérants n'obtiennent jamais cette dernière goutte. Peu importe à quel point une action est élevée (ou faible), ils pensent qu'elle durera toujours. Ces investisseurs - les plus exubérants - sont ceux qui créent des bulles sur le marché, sur la base d'événements futurs irréalistes.

Les principes fondamentaux simples et communs dans ce partage seront bafoués par les analystes de Wall Street, car ils ne tiennent pas compte d'une variété de facteurs qui à contribuer à la valeur, ou à défaut de celle-ci. Cependant, répétons-le, le bon sens, à travers ces ratios simples, nous indique si une action est restée - à un niveau simplement fondamental - ou si le taux est bon. r.

Si quelqu'un s'est arrêté dans une Corvette rouge brillante de 2005 qui était belle à l'extérieur mais qui s'est relâchée en émettant de la fumée noire, et ils vous a dit qu'il a la possibilité de fonctionner comme un camp dans le futur, donc le prix est de 75 000 $, parce que quand il tire vraiment sur toutes les culasses, il vaudrait 100 000 $, l'achèteriez-vous ? Non waouh. Le bon sens nous dit qu'un modèle 2005 n'exigera certainement pas une prime de collection, et avec le moteur qui sonne comme une boîte pleine de pierres, 7 $ 5 000 serait ridicule. Le gars qui vend la Corvette croit probablement vraiment que la voiture vaut beaucoup, parce qu'il en est tombé amoureux. S'il vous plaît, ne finissez pas par tomber amoureux d'un citron avec une couche de peinture brillante à l'extérieur. Vraiment, chaque fois que vous tombez amoureux d'un stock, vous devriez simplement sortir, car quand la marée tourne, il y a de fortes chances que vous ne voyiez pas le tsunami à venir.

Les ratios dans cette charte ne sont pas seulement de simples idées fondamentales; ce sont généralement des guides pour négocier des actions de manière rentable. À un niveau commun, l'utilisation de ratios dans votre commerce peut vous aider à gérer le stress lorsque des mouvements imprévus du marché entraînent un commerce dans une direction défavorable. estimer. En ayant une certaine idée de l'économie derrière le commerce, nous devenons non seulement plus capables de comprendre les investisseurs dans l'ensemble, mais nous sommes également capables de nous d'autres tempêtes de marché avec une plus grande endurance.

La troisième règle de rentabilité : l'analyse technique

La troisième et dernière règle de rentabilité est l'analyse technique. Tous les commerçants doivent avoir une solide compréhension de la lecture des graphiques boursiers par le biais d'une analyse technique s'ils veulent vraiment réussir à faire du swing trading. Les graphiques sont la base de plusieurs des stratégies commerciales introduites dans les chartes ultérieures. Beaucoup peuvent trouver ce chapitre simple à comprendre, mais si vous avez du mal avec les concerts, veuillez ne pas avancer jusqu'à ce que vous vous sentiez à l'aise avec tous les aspects de la charte.

QU'EST-CE QUE L'ANALYSE TECHNIQUE ?

Selon John Murphy, l'un des plus grands techniciens du marché boursier, l'analyse technique est l'étude du marché, généralement avec des tableaux de prix, qui incluent le volume et/ou l'intérêt.

Nous pensons que l'analyse technique est l'étude des modèles de prix passés sur le marché boursier en fonction de l'offre, de la demande et des tendances. Lors de l'analyse d'un graphique d'une action, un investisseur examine le dernier mouvement de prix de l'action. Ce mouvement était basé sur l'achat et la vente des actions, nous ramenant ainsi à la théorie de l'offre et de la demande. S'il y a plus d'acheteurs que de vendeurs, le prix du stock augmente, car les teneurs de marché doivent augmenter le prix pour faire un marché dans le stock. Le contraire se produit de l'autre côté, lorsqu'il y a plus de vendeurs que d'acheteurs ; le prix de l'action doit être ajusté à la baisse.

LE TABLEAU DE BASE

Le tracé des prix passés est l'aspect le plus important d'un graphique. C'est pourquoi nous devons examiner les différents types de graphiques disponibles pour les commerçants. Il existe un graphique de base ouvert, haut, bas et fermé (OHLC). Chaque barre indique au commerçant où le stock a été ouvert et fermé, ainsi que le haut et le bas de la période. Ceci est important car il donne des détails sur l'évolution du stock tout au long de la période choisie.

La version orientale de la carte OHLC est la carte des chandeliers Jaranese.

Les bâtonnets de sable montrent également l'oren, lent, le haut et le bas, mais d'une manière très différente. Le chandelier a deux parties différentes, le bodu (montre le haut et le bas) et les ombres (montre le haut et le bas). Le fait fondamental que vous devez savoir, c'est qu'ils offrent un aperçu plus visuel de l'évolution du stock. Les analystes techniques les plus réussis sont considérés comme des êtres visuels, en ce sens qu'ils peuvent mieux comprendre un concert avec leurs effets qu'avec autres sens. Un sandlestick shart offre plus d'informations visuelles du sandlestickk au chandelier que les sharts OHLC. IL N'Y A AUCUN DROIT HRong Хедан Фесть Фечьнан Ферд Ферд Ферд À NMRLEMEG EMLL Concentrez LE NOUS NOUS WOULDRTRAGE POUR CE NEMAINER DE CE LIVRE. La plupart des commerçants utilisent des sharts sans sable, donc, parce que nous sommes impatients de nous concentrer sur le "prorhesu auto-réalisateur" Suffisamment de renseignements reposent sur les mêmes informations pour qu'un événement attendu dans le futur devienne réalité), nous nous concentrerons sur sandlesticks aussi

INDICATEURS D'ANALYSE

Prix Action/Tendance

L'estimation des prix est l'outil le plus important de l'analyse technique, et elle est recommandée dans tous les graphiques, qu'il s'agisse d'un graphique linéaire ou d'un graphique en chandeliers jaranais. Je me réfère à l'orientation des prix du graphique (également appelée la tendance) comme l'épine dorsale de l'analyse technique. La réalité est qu'il indique aux commerçants où se trouvait le stock et, sur cette base, l'analyse technique devrait aider à guider l'orientation future. Et si vous y réfléchissez logiquement, qui se soucie vraiment de ce que fait le RSI ou le stochastique ? Tout ce qui nous intéresse, c'est le prix de l'action. Voici une autre façon de voir les choses ; Les statistiques descriptives font un sacré bon travail en utilisant des données historiques pour déduire les tendances futures.

Eh bien, l'action des prix sur un graphique est que les données historiques, sont simplement reportées sur une base visuelle, au lieu de "écarts types" un et/ou d'autres termes statistiques.

En ce qui concerne l'action sur les prix, le commerçant doit déterminer la tendance d'un stock, qui est soit ur, soit en baisse, soit latérale (neutre). La plupart du temps, un stock est dans la tendance neutre, ce qui suggère essentiellement que le stock est sans tendance.

En règle générale, un commerçant évitera un stock qui est sans tendance parce que les chances de choisir la direction du prochain mouvement ne sont pas vraiment en sa faveur. Latéralement, le négoce d'actions est un pari, à moins qu'une autre stratégie comme le négoce de canaux, ou qu'un chevauchement d'options ne soit utilisé. Cependant, lorsqu'un stock est au milieu d'une tendance, le commerçant peut soit suivre la tendance, soit attendre un signal indiquant que la tendance se termine, puis recommencer. dans la tendance.

Pour déterminer la direction de la tendance, un trader doit analyser les pics et les creux sur le graphique. Une tendance à la hausse montre des hauts et des bas plus élevés ; une tendance baissière est une série de hauts et de bas plus bas. Dans une tendance haussière, la ligne de tendance est tracée sous les creux et se déplace de gauche à droite dans le sens ascendant. La ligne de tendance descendante relie les hauts inférieurs et se déplace dans une direction descendante de gauche à droite.

La longueur de la ligne de tendance est également importante pour les commerçants. Plus la ligne de tendance est longue, plus la tendance est forte ; cependant, lorsqu'une tendance longue est brisée, le mouvement de contre-tendance est généralement très violent. Par exemple, lorsqu'un stock fait une série de hauts et de bas plus élevés pendant plus d'un an, il affiche la force des taureaux. Mais lorsque cette force commence à faiblir et que la ligne ascendante est brisée, les baissiers prennent le contrôle complet et le stock chutera durement. Dans la figure 4.6, le stock était dans une tendance haussière pendant plus d'un an, et lorsque la tendance haussière a finalement été cassée, il est tombé de façon spectaculaire, offrant un bref opportun pour les commerçants habiles.

Il y a quatre éléments de base faciles que les commerçants doivent savoir quand il s'agit des lignes de tendance.

Soutien et résistance

La substitution et la résistance vont de pair comme le beurre de cacahuète et la gelée. La substitution peut être définie comme une étape où les acheteurs sautent continuellement et dépassent les vendeurs, forçant le stock à se rallier. La résistance est la valeur exacte

La substitution et la résistance peuvent tomber dans un certain nombre de catégories différentes, en fonction de la façon dont elles sont formées. La résistance des prix se produit lorsque le stock échoue régulièrement à un certain niveau de prix lorsque les vendeurs prennent le contrôle. La surveillance des prix a lieu lorsqu'un stock se rallie à partir d'un niveau de prix lorsque les acheteurs voient une bonne affaire à ce prix.

La psychologie derrière la résistance est que les taureaux prennent leurs bénéfices à un niveau supérieur et en même temps les ours commencent à court séances. Les commerçants sur le côté joueront le côté court de la résistance ou, au minimum, s'abstiendront d'acheter. L'inégalité des acheteurs et des vendeurs fait que le stock échoue au même prix que par le passé.

La stratégie sous-jacente implique que les taureaux achètent plus de stock lorsqu'il revient à un prix qui a offert une offre attrayante acheter une erreur dans le passé. Les ours sortiront de leurs positions courtes sur le pull, et les commerçants sur le côté qui attendaient un orr ortunity to buu commencera à mettre un nouveau moneu dans le jeu, créant ainsi un fond.

Si le prix est le moteur de l'analyse technique, alors le volume est le carburant qui alimente la voiture. De tous les indicateurs, le volume est le plus fiable pour déterminer le mouvement futur d'un stock. La raison en est que tous les mouvements durables dans un stock doivent avoir du volume derrière eux ou ils seront de courte durée.

Tout d'abord, définissons le volume comme le nombre d'actions qui s'échangent au cours d'une période donnée. Sur un graphique journalier, le volume affiche le nombre d'actions qui ont été échangées au cours d'une journée de négociation complète. Le volume peut être tracé sur tous les graphiques de tous les temps, d'un graphique d'une minute à un graphique mensuel.

Lorsque le volume est lié à la tendance d'un stock, il donne plus d'informations sur la force ou la faiblesse de la tendance et dans quelle direction le stock est susceptible de se déplacer ensuite. Lorsque le volume augmente, la tendance se renforce et continuera probablement. Lorsque le volume diminue, cela suggère que la tendance pourrait toucher à sa fin et que les commerçants devraient rechercher une contre-tendance.

L'effet du volume sur une tendance des prix

L'indicateur le plus largement utilisé sur le graphique après le volume devrait être la moyenne mobile. Une moyenne mobile est un dispositif de lissage qui aide à déterminer la tendance du stock. La moyenne mobile peut être définie pour n'importe quel moment et peut être utilisée sur tous les graphiques, quelle que soit la période qu'ils couvrent.

L'une des moyennes mobiles les plus utilisées est la moyenne mobile sur 50 jours. Pour déterminer la moyenne mobile sur 50 jours, les prix de clôture des 50 derniers jours sont additionnés et divisés par 50. Cela vous donnera un nombre, qui est tracé sur le graphique. Les chiffres sont ensuite connectés, ce qui donne une ligne fluide qui sert souvent de support et/ou de résistance.

Il existe deux types de moyennes mobiles que les commerçants utilisent, simples et exronentielles. Le calcul qui vient d'être décrit est la façon dont une moyenne mobile simple est calculée. Une moyenne mobile expansive utilise également le prix de clôture des 50 derniers jours de bourse, mais elle pèse plus lourd sur les jours les plus récents.

La moyenne mobile simple est plus largement utilisée, mais la moyenne mobile extrême peut donner aux commerçants une meilleure sensation pour le commerce à court terme. ing.

L'IMPORTANCE DE L'ANALYSE TECHNIQUE

Derendre à qui vous parlez dans l'industrie de l'investissement, l'analyse technique est soit vaine, soit la meilleure chose depuis qu'elle a été tranchée annonce.

Les commerçants et les investisseurs les plus performants mettent en œuvre une stratégie qui comprend à la fois une analyse technique et fondamentale, ainsi que d'autres vos outils. L'analyse fondamentale est plus importante pour les investisseurs à long terme, et lorsqu'il s'agit de swing trading, elle peut être ignorée dans certains cas. situations. Comme vous le verrez plus tard, un certain nombre de configurations commerciales sont basées uniquement sur les graphiques et rien de plus. Lorsqu'il s'agit d'un échange de quatre jours d'un stock qui est suracheté, la croissance des revenus et le rapport P / E du stock ne sont pas pertinents. C'est pourquoi il est impératif que tous les commerçants de swing aient une solide compréhension de la lecture des graphiques.

UNE BALISE DANS LA NUIT : LA CARTE EST VOTRE PREMIÈRE ALERTE

La raison pour laquelle l'analyse technique peut être si importante pour les commerçants est qu'elle peut vous alerter de quelque chose qui se passe avec le stock avant toute nouvelle h c'est les fils. Vous demandez peut-être comment cela est possible. Eh bien, même si tout le monde aimerait croire que le marché boursier est efficace, il ne l'est pas. Certaines personnes ont le privilège de ne pas divulguer des informations susceptibles d'affecter le cours des actions, et lorsqu'elles agissent, elles est reflété dans les graphiques.

Pensez-y. À quand remonte la dernière fois que vous avez vu du volume trois jours avant qu'une action ne soit rachetée pour une prime de 50 % ? Ou que diriez-vous d'un gros volume avant qu'une entreprise ne libère une approbation de la FDA pour l'un de ses candidats-médicaments ? Souvent, le volume augmente avant une annonce de gains haussiers ; pensez-vous que tous les acheteurs qui ont poussé le stock plus haut avant l'annonce positive ont eu de la chance ? Non. Gardez à l'esprit que cela peut se produire à la fois lors de grands rassemblements et de ventes.

PROPHÉTIE AUTO-RÉALISATRICE

Les sceptiques de l'analyse technique soutiennent que les performances passées ne sont pas une indication de la façon dont un stock se comportera à l'avenir. C'est notre débat, et il y a beaucoup d'exemples qui m'aideront à prouver qu'ils ont tort. Mais pourquoi l'analyse technique fonctionne-t-elle et comment ?

MOHNA TESHNAL ANALT ANAST LOCK LOCA MYSTLF MASTLF MYSTELF ADMULS ADMU, t besome vrai aner et conséquence de Haven Maden Maden Maden Made.

Si la moyenne mobile sur 50 jours est maintenue, tous les croyants décideront que la moyenne mobile est un niveau inférieur, et les acheteurs submergeront la vente. r, forçant un rassemblement sur le marché de St Osk. D'un autre côté, lorsque la moyenne mobile sur 50 jours est cassée à la baisse lors d'une tendance ur, cela fera également la une des médias et enverra des fils négatifs des notes sur l'ensemble du marché. Dans quelques jours, vous verrez le S&P 500 chuter, car les lecteurs de graphiques croient maintenant que la tendance haussière est terminée.

Avantages et inconvénients du swing trading

De nombreux commerçants de swing évaluent les transactions sur une base de risque/récompense. En analysant le tableau des actifs, ils déterminent où ils entreront, où ils placeront une perte de stock, puis un autre où vous pouvez vous en sortir avec un profit. S'ils risquent 1 $ par action sur un scénario qui pourrait raisonnablement produire un gain de 3 $, c'est un rapport risque/ récompense favorable. D'autre part, risquer 1 $ seulement pour gagner 0,75 $ n'est pas aussi favorable.

Les swing traders utilisent principalement des analyses techniques, en raison de la nature à court terme des métiers. Cela dit, l'analyse fondamentale peut être utilisée pour améliorer l'analyse. Par exemple, si un swing trader voit une tendance haussière dans une action, il peut vouloir vérifier que les fondamentaux de l'actif semblent favorables ble ou s'améliorent également.

Les swing traders recherchent souvent des opportunités sur les graphiques quotidiens et peuvent regarder des graphiques d'une heure ou de 15 minutes pour trouver une entrée précise, une perte de stockage et un niveau de profit.

sinon.

Avantages

- Il faut moins de temps pour échanger que le commerce de jour.
- Il maximise le potentiel de profit à court terme en s'attaquant à l'essentiel des fluctuations du marché.
- Les commerçants peuvent se fier exclusivement à l'analyse technique, ce qui simplifie le processus de négociation.

Inconvénients

- Les positions commerciales sont soumises au risque de marché pendant la nuit et le week-end.
- Des retournements brusques du marché peuvent entraîner des pertes substantielles.
- Les swing traders passent souvent à côté des tendances à plus long terme au profit des mouvements de marché à court terme.

CHAPITRE DEUX

*Indicateurs techniques
pour le Swing Trading*

Nous avons vu plus haut que nous avons besoin d'indicateurs techniques pour obtenir plus de fiabilité sur les métiers du swing. Les indicateurs sont complémentaires aux modèles de graphique ou aux moyennes mobiles.

Les meilleurs indicateurs techniques pour le swing trading sont ceux qui vous donnent des échanges plutôt cohérents et rentables. De source, aucun indicateur n'est très bon ou très mauvais et ils sont meilleurs lorsqu'ils sont utilisés en combinaison et ils indiquent la même direction pour un signal de trading.

En parlant de moi, les meilleurs indicateurs techniques pour le swing trading pour moi ont été la divergence de convergence moyenne mobile (MACD), th L'indice de force relative (RSI) et les autres. Les deux autres indicateurs que j'utilise habituellement pour renforcer mon point de vue sont le SAR parabolique et l'indice de mouvement directionnel (ADX).

Faites-nous savoir comment utiliser ces indicateurs pour le trading !

Divergence de convergence moyenne mobile (MACD)

Le MACD est un indicateur de momentum. Il est basé sur les moyennes mobiles exceptionnelles de 9, 12 et 26 jours. Étant basé sur des moyennes mobiles, MACD est également approprié pour le trading de tendance.

Nous n'entrerons pas dans les détails de MACD ici et si vous voulez le lire ici.

MACD est une ligne MACD et une ligne de signal. Lorsque la ligne MACD passe au-dessus de la ligne de signal, c'est le signe d'une tendance haussière potentielle dans le stock. Lorsque cette ligne passe en dessous de la ligne de signal, elle indique une tendance baissière potentielle du stock.

En tant que trader, vous devriez considérer le stock à long terme lorsqu'il y a un croisement haussier sur MACD. Des signaux croisés baissiers indiquent que vous devez soit quitter une position longue, soit opter pour une vente à découvert du stock.

J'insiste sur le fait que vous ne prenez pas de décisions commerciales sur la base d'un seul indicateur commercial. Même chose avec MACD. Considérez également les stratégies commerciales mentionnées ci-dessus lors de l'analyse du MACD.

Indice de force relative (RSI)

L'indice de force relative ou RSI est un indicateur de momentum très courant et largement utilisé. C'est un indicateur avancé, ce qui signifie qu'il donne des signaux bien avant que les mouvements ne commencent dans les stocks.

Le RSI oscille entre des valeurs de 0 à 100. Il est utile pour connaître les stocks surachetés et survendus. Un niveau de 70 et plus indique des niveaux de surachat tandis qu'une valeur de 30 et moins indique des niveaux de surachat.

Un stock au niveau de surachat devrait voir la correction des prix des stocks ou la réservation de bénéfices dans les positions longues. Par conséquent, les commerçants peuvent vendre leurs échanges et réserver les bénéfices.

On s'attend à ce qu'un stock surdimensionné suscite un intérêt d'achat et une flambée des prix des actions à court terme. Par conséquent, ces actions peuvent être considérées pendant longtemps si elles se négocient au-dessus d'un niveau important ou si elles font de la technologie. certains modèles de graphique.

Les prix des actions chutent du niveau RSI de 70 à 50 et au-dessus peuvent à nouveau reprendre la tendance haussière et monter plus haut. De même, un stock trop vieux montrant que vous passez au niveau RSI de 50 et moins peut reprendre la tendance à la baisse et encore baisser.

Comment faire du Swing Trading

Comme nous avons appris les stratégies et les indicateurs techniques à utiliser dans un swing trade, laissez-nous savoir comment swing trader les stocks comme un professionnel !

Pour entrer dans des actions pour un swing trade, vous avez besoin d'un cadre de négociation ou d'un système et d'un plan.

Le swing trade consiste à négocier des éléments qui nous donnent un signal commercial pour entrer dans les actions. Cet ensemble comprend des cartes techniques qui devraient être de préférence des cartes à chandelles ou des cartes OHLC. Vous incluez les moyennes mobiles et les indicateurs techniques dont nous avons parlé ci-dessus dans cette configuration.

Lorsque les stratégies de swing trading dont nous avons

discuté ci-dessus, avec les indicateurs de swing trading sont alignés dans une direction et g Si vous nous donnez un signe commercial, par exemple, pour commencer, nous élaborons un plan pour le swing trade.

Le plan de swing trading nous indique le nombre d'actions à acheter et les niveaux de prix d'entrée et de sortie en fonction des paramètres du swing trade.

En ce qui concerne le niveau de prix d'entrée, vous pouvez en décider en utilisant des modèles de chandeliers, des moyennes mobiles, des lignes et des écarts fibonaccis.

Vous pouvez envisager d'entrer lorsque le stock dépasse la moyenne mobile et s'y maintient à la clôture. Le swing bas précédent devient votre perte de stockage pour le commerce.

En utilisant des rappels fibonaccis, vous considérez que vous allez longtemps quand le stock revient en arrière et prend la relève à 38,2% ou 61,8% nt keering stop loss à la ligne de recul inférieure.

Vous devez garder à l'esprit que les indicateurs techniques doivent être en mode achat pour le moment.

Pour décider de la quantité d'actions à acheter, nous devons suivre la règle du 1% de négociation. Cette règle garantit une bonne position tout en préservant votre risque sur chaque transaction.

Maintenant que vous avez trouvé le niveau d'entrée dans un commerce de swing avec le dimensionnement de la croissance arrosée, vous devez trouver votre niveau de sortie de je suis le commerce. La stratégie de sortie de swing trading est plus importante que le plan d'entrée pour protéger votre carital et les bénéfices.

Vous pouvez soit utiliser des moyennes mobiles pour obtenir un niveau de sortie d'un commerce. Lorsque le stock ferme en dessous de la moyenne mobile que vous suivez, le lendemain, vous quittez le commerce. La moyenne mobile vous fournit une perte de stockage dynamique et vous maintient dans le commerce tant que le stock évolue dans votre désir direction.

Pour les rappels fibonaccis, vous utilisez le niveau de rappel suivant comme cible et le niveau de rappel inférieur comme perte de stockage pour la sortie dans un commerce.

Les chandeliers et les modèles de chandelier vous donnent également le prix d'entrée et de sortie si vous connaissez bien les modèles de chandelier .

Stratégies commerciales

Les swing traders peuvent utiliser les stratégies suivantes pour rechercher des erreurs de trading exploitables :

1. Retracement de Fibonacci

Les traders utilisent un indicateur de retracement de Fibonacci pour identifier les niveaux de risque et de résistance. Sur la base de cet indicateur, ils peuvent trouver des opportunités d'inversion du marché. On pense que les niveaux de retracement de Fibonacci de 61,8 %, 38,2 % et 23,6 % révèlent des niveaux d'inversion possibles. Un commerçant peut entrer dans une transaction d'achat lorsque le prix est dans une tendance à la baisse et semble trouver une solution au niveau de retrait de 61,8 % par rapport à son niveau nous haut.

2. Commerce de ligne T

Les commerçants utilisent la ligne T sur un graphique pour prendre une décision sur le meilleur moment pour entrer ou sortir d'un commerce. Lorsqu'un titre ferme au-dessus de la ligne T, c'est une indication que la hausse continuera d'augmenter. Lorsque la sécurité se ferme en dessous de la ligne T, cela indique que le prix continuera de baisser.

3. Utilisez des chandeliers

La plupart des commerçants préfèrent utiliser les jaranes sandlestick car ils sont plus faciles à comprendre et à interpréter. Les commerçants utilisent des modèles de chandeliers spécifiques pour identifier les transactions ou les unités de négociation.

Les bonnes actions pour le swing trading

La première clé d'un swing trading réussi est de risquer les bonnes actions. Il y a deux options à considérer lors de la vente d'actions au swing trade : la liquidation et la volatilité.

Les meilleurs candidats sont les actions de grande taille, qui sont parmi les actions les plus négociées sur les principales bourses. Dans un marché actif, ces stocks auront un volume de transaction élevé. Si un stock est aussi pauvre ou n'a pas de valeur dans le livre de commerce d'un courtier, il peut être difficile de vendre ou peut nécessiter une Je me lève pour revivre les actions.

De plus, la volatilité peut être le meilleur ami du swing trader. Sans mouvement de prix, il n'y a pas d'erreur pour faire un profit. Alors que la volatilité est souvent considérée comme négative, le swing trading repose sur la volatilité pour créer une orrortunité à saritaliser à l'arrêt de la hausse d'un titre. Les actions qui ont la volatilité la plus élevée peuvent être les plus idéales pour le swing trading car il y a le plus d'opportunités de profit.

Le bon marché

Les marchés financiers ont trois tendances à long terme : le marché baissier, le marché haussier ou quelque chose entre les deux. La stratégie de swing trading est différente dans chaque environnement.

Swing trading sur le marché baissier

Le swing du marché baissier est l'un des plus difficiles pour les transactions d'achat et de vente naturelles. Dans un environnement baissier, les prix du marché boursier diminuent à long terme. Par conséquent, il n'est pas avantageux d'acheter une sécurité et de la conserver avec des raisons d'appréciation du prix. Il existe plusieurs stratégies pour y remédier :

Raccourcissez votre échange. Au lieu de tenir pendant des semaines, il est préférable d'avoir un revirement plus rapide sur les titres que vous détenez.

Tenir plus de page. Prévoyez de retenir un certain capital que vous pourriez autrement négocier dans le cas où les valeurs que vous détenez subiraient des baisses de prix importantes.

Convertir en ortions (en achetant des puts). Au lieu d'acheter maintenant et de vendre plus tard, la solution idéale à retenir si vous pensez que les prix sont en baisse est de vendre un prix sûr. d'abord, puis rachetez-le plus tard.

Bull Market Swing Trading

Alternativement, pour les marchés baissiers, les échanges sur le marché haussier peuvent être plus faciles. Comme les prix ont tendance à s'apprécier dans ces conditions de marché, il est plus facile d'acheter une sécurité et d'en tirer profit pendant une courte période. le plus tard. Cependant, il y a quelques points à garder à l'esprit lorsque vous faites du swing trading pendant les marchés à puces :

Les droits d'entrée sont plus élevés. Après avoir réglé votre croissance et vos gains de départ, les chances sont plus grandes que les valeurs générales du marché sont maintenant plus importantes. s'assurer que de larges marchés se sont arrêtés. Soyez prêt à payer des prix plus élevés pour les valeurs sûres.

De mauvaises habitudes se forment. On dit souvent que les mauvaises habitudes de trading se forment pendant les marchés haussiers. Continuer à faire preuve de diligence raisonnable et à effectuer des études de marché sur le meilleur titre à détenir ; Bien qu'il puisse sembler que jamais sesuritu est un gagnant, ce ne sera pas toujours le cas.

Considérez l'effet de levier. L'effet de levier n'est pas pour tout le monde, et considérez votre risque comme un avantage. Cependant, si vous êtes sûr de vous dans l'arrêt continu des marchés, vous pourrez peut-être multiplier votre croissance à l'aide d'un levier âge.

Conditions de marché intermédiaires

Les meilleures conditions de négociation se produisent lorsque les marchés financiers se négocient parallèlement. Lorsque le marché est en transition entre les marchés baissiers et haussiers ou lorsque le marché fait face à une grande incertitude, les meilleures rositions se présentent souvent pour le swing tra ding. Plusieurs éléments à considérer incluent :

- La volatilité est bonne. Lorsque les marchés sont volatils dans les deux sens, les meilleurs swing trades sont à avoir. Lorsque la volatilité est strictement dans un sens (comme dans les marchés haussiers ou baissiers), il est souvent plus difficile de suivre les échanges.
- Les conditions sont les plus sûres. Tous les swing trades ne fonctionnent pas. Même si vous êtes bloqué sur des titres, il est possible que

des conditions de marché neutres minimisent vos pertes. Au lieu d'être coincé avec des titres pendant de fortes conditions de tendance à la baisse, il y a souvent plus de probabilité que les prix rebondissent.

Utilisation de la moyenne mobile externe

Les moyennes mobiles simples (SMA) fournissent des niveaux de support et de résistance, ainsi que des schémas haussiers et baissiers. Les niveaux de substitution et de résistance sont souvent des informations utiles lors de la détermination d'un cours d'assistance. Les schémas croisés haussiers et baissiers indiquent les points de prix où vous devez entrer et sortir des actions.

La moyenne mobile expansive (EMA) est une variante de la SMA qui met davantage l'accent sur les dernières données. L'EMA donne aux commerçants des signaux de tendance clairs et des points d'entrée et de sortie plus rapidement qu'une simple moyenne mobile. Le croisement EMA peut être utilisé dans le commerce de l'heure d'entrée et de sortie.

Un système de croisement EMA de base peut être utilisé en se concentrant sur les EMA à neuf, 13 et 50 périodes. Un croisement haussier se produit lorsque le prix dépasse ces moyennes mobiles après avoir été en dessous. Cela signifie qu'un renversement peut être dans les cartes et qu'une tendance à la hausse peut commencer. Lorsque l'EMA de neuf périodes passe au-dessus de l'EMA de 13 périodes, cela signale une longue entrée. Cependant, l'EMA de 13 périodes doit être supérieure à l'EMA de 50 périodes ou au-dessus.

D'autre part, un croisement baissier se produit lorsque le prix d'un titre tombe en dessous de ces EMA. Cela signale un renversement potentiel d'une tendance, et cela peut être utilisé pour chronométrer la sortie d'une longue position. Lorsque l'EMA de neuf périodes passe en dessous de l'EMA de 13 périodes, cela indique une entrée courte ou une sortie d'une position longue. Cependant, l'EMA de 13 périodes doit être inférieure à l'EMA de 50 périodes ou traverser en dessous.

Utilisation de la valeur de base

De nombreuses recherches sur les données historiques ont prouvé que, dans un marché propice à la négociation, les actions liquides ont tendance à s'échanger au-dessus et en dessous. ow une valeur de base, qui est rottr aued sur un shart avec un EM). Une fois que le swing trader a utilisé l'EMA pour identifier la base typique sur le graphique boursier, ils vont longtemps à la base lorsque le stock est h lire et court à la base lorsque le stock est en baisse.

Les commerçants de swing ne cherchent souvent pas à frapper le coup de circuit avec un seul commerce. Ils sont moins préoccupés par le moment idéal pour acheter une action exactement à son bas et vendre exactement à son prix (ou vice versa). Dans un environnement commercial parfait, ils attendent que l'action atteigne son niveau de base et confirment sa position avant d'agir.

L'histoire devient plus compliquée lorsqu'une tendance à la hausse ou à la baisse plus forte est en jeu : le commerçant peut forcément aller longtemps lorsque le stock descend en dessous s EMA et attendez que le stock aille se prélasser dans une tendance haussière, ou ils peuvent court-circuiter un stock qui a poignardé au-dessus de l'EMA et attendez qu'il dror si la tendance à long terme est en baisse.

Prendre des bénéfices

Quand vient le temps de prendre des profits, le swing trader voudra quitter le commerce le plus près possible de l'urp

Nous avons suivi une ligne de canal sans être trop précis, ce qui peut entraîner le risque de manquer le meilleur ou de ne pas l'être.

Dans un marché fort, lorsqu'un titre affiche une forte tendance directionnelle, les commerçants peuvent attendre que la ligne de canal soit atteinte avant de prendre leur r profit, mais dans un marché plus faible, ils peuvent prendre leurs bénéfices avant que la ligne ne soit touchée (dans le cas où la direction change et la ligne n'est pas touchée par ce swing particulier).

Comment puis-je commencer le swing trading ?

Le swing trading nécessite un avant-goût sarital pour entrer dans une rositition. Il s'appuie également fortement sur le partage de logiciels et l'analyse technique. En outre, il est conseillé de comprendre les moyennes mobiles simples et les canaux de négociation pour mieux définir vos transactions.

Combien d'argent puis-je gagner Swing Trading?

En cas de succès, vous pouvez gagner un peu d'argent - mais il y a des économies. Le swing trading nécessite souvent que les rositions soient maintenues pendant des jours ou en attendant que les rositions se matérialisent. Pour cette raison, d'autres styles de trading avec un gain plus faible peuvent rapporter plus.

De plus, le swing trading repose sur une analyse technique. Sans une bonne compétence, plus d'investisseurs débutants peuvent voir leurs transactions échouer. Enfin, les conditions du marché conduisent à l'orrortunité ; dans des marchés moins qu'idéaux avec peu de volatilité, le swing trading sera moins lucratif.

Le Swing Trading est-il risqué ?

Le swing trading est moins risqué que les autres formes de trading à court terme. En s'appuyant sur une analyse technique et en conservant les rositions pendant une courte période de temps, il y a moins de risques que vous obteniez tuck tenant un rosition non liquidé.

Cela dit, les commerçants de swing doivent correctement identifier quand entrer et sortir des positions ; s'il est mal lu, il y a un risque de perte de capital.

Paramètres de trading swing

À la recherche de candidats au swing trading

Les swing traders devraient sélectionner leurs candidats parmi les actions les plus activement négociées et les ETF qui ont tendance à swinguer avec b des canaux bien définis. Il est nécessaire de conserver une liste d'actions et d'ETF à surveiller quotidiennement et de se familiariser avec le prix d'une sélection de titres. dates.

Méthodes de swing trading

Il existe une variété de méthodes pour tirer parti des fluctuations du marché. Certains commerçants préfèrent commercer après que le marché ait confirmé un changement de direction et commercer avec l'élan en développement. D'autres peuvent choisir d'entrer sur le marché par le long côté après que le marché soit tombé dans la bande inférieure de son canal de prix - dans l'autre r mots, créant des faiblesses à court terme et vendant de la force à court terme. Les deux approches peuvent être rentables si elles sont mises en œuvre avec compétence et discernement dans le temps.

Voici un exemple de swing trading :

Identifiez une action ou un ETF où la tendance hebdomadaire est la vôtre et où les bas du graphique à barres quotidien ont tendance à être courts et nets. Analysez comment l'action ou l'ETF s'est comporté depuis le début de la tendance. S'il est revenu à la moyenne mobile 3 fois et l'a pénétré en moyenne de 1,5% de son prix, passez une commande d'environ 1% de le prix de l'instrument est inférieur à la moyenne mobile, c'est-à-dire un peu plus faible que les déclins précédents.

Après être entré dans un commerce de swing, placez un magasin de protection raisonnablement près de votre point d'entrée. Le swing trading est une stratégie très exigeante, nécessitant un filet de sécurité. La gestion des stocks et de l'argent est essentielle à votre survie et à votre succès.

Prenez des bénéfices près de la ligne de canal supérieure. Si le marché est fort, vous pouvez attendre que la ligne de canal soit touchée. S'il est faible, saisissez votre premier profit pendant qu'il est toujours là. Que se passe-t-il si une forte oscillation dépasse la ligne de canal ? Un commerçant expérimenté peut changer ses tactiques et tenir un peu plus longtemps, peut-être jusqu'au jour où le marché ne parvient pas à atteindre un nouveau sommet. Un commerçant débutant est mieux avisé de prendre des bénéfices après que la ligne de canal ait été touchée car il est important d'apprendre à prendre des bénéfices conformément à son plan commercial.

Un commerçant peut mesurer ses performances en pourcentage de la largeur du canal de négociation. Le commerce idéal serait d'acheter sur la ligne du bas et de vendre sur la ligne du canal tor, ce qui serait une performance à 100%. Si un commerçant s'engageait dans la moitié du canal, ce serait une performance de 50 %. Le but est d'augmenter continuellement le pourcentage de performance du commerce gagnant moyen.

Comme mentionné, d'autres méthodes peuvent être utilisées pour profiter des fluctuations à court terme du marché. Le point important est de développer une méthode qui fonctionne pour vous; appliquez-le de manière cohérente ; Respect des règles de gestion externe ; et de bons records pour que vous puissiez suivre vos progrès en tant que commerçant.

CONCLUSION

Le swing trading est en fait l'un des meilleurs styles de trading pour les commerçants débutants pour se mouiller les pieds. Il offre toujours un potentiel de profit important pour les commerçants intermédiaires et avancés. Les swing traders reçoivent suffisamment de feedback sur leurs transactions après quelques jours pour les garder motivés, mais leurs positions longues et courtes de plusieurs jours sont d'une durée qui n'entraîne aucune distraction.